15'00

Centinela del viento
Daniel López Acuña

Colección Baños del Carmen

Daniel López Acuña

Centinela del viento

EDICIONES VITRUVIO
Colección Baños del Carmen,
nº 1011

www.edicionesvitruvio.com

Primera edición, 2024

© Ediciones Vitruvio
C/ Menorca, nº 44
28009
Teléfono: 91 573 21 86

ediciones vitruvio, nº 1. 666
ISBN: 978-84-128750-2-7
Depósito legal: M-2532-2024

Centinela del viento

La brisa en la ventana

JACARANDAS

Como un rio violáceo
      que inunda brevemente el paisaje de la ciudad,
como una emoción indescifrable
      que conmociona todos los sentidos,
irresistible, convocante, arrebatadora,
      las jacarandas en flor me rodean,
me envuelven, me transportan,
      me imantan hasta subyugarme,
hasta hacerme flotar,
      hasta rendirme a una fuerza primigenia
de la renovación cíclica,
      del aliento que otorga el color encendido.

Las veo, las huelo y las siento
      en los parques y avenidas de Buenos Aires,
de la Ciudad de México,
      de Brasilia, de Sevilla,
de tantas otras ciudades en primavera.

Conversan conmigo desde la calle
      cuando me asomo a la ventana
del cuarto de hospital
      en el que está mi madre.
Me acompañan en la diaria caminata
      que hago con mi padre,
acompañado por su bastón,
      por los alrededores.

Su floración dura solo unos días
      pero cada ciclo anual,
por efímero que sea,
      es una celebración radiante,

un manantial de sensualidad
                    una promesa de renovación,
        un manto vital que cobija y alienta.

POEMA DE LA TARDE

En la mesa en que escribo

               este poema

cae la luz de la tarde.

               En su comienzo

percibo el crepitar de hojas y arbustos

               agitados por ráfagas de viento.

Entre los amplios ventanales

               escucho los sonidos

del preludio festivo del verano,

               lleno de percusiones encantadas

y pasos de alegría

               que habrán de despertarnos.

PROFECIA DE INVIERNO

Por secas que parezcan las semillas oscuras

       volverán a nacer.

Repetirá su nombre la desnudez cautiva

       y el agua correrá.

Florecerá tu huerto, como hace tres inviernos,

       cubriéndote de aromas sutiles e irisados.

Se escuchará el sonido de los vientos alegres

       al celebrar la fiesta de la aldea luminosa.

Bailaremos, sin tregua, con los cuerpos deseosos

       hasta el amanecer.

FLOR DE ABRIL

El viento se detiene y,

        de repente,

con la misma torpeza entre mis manos

        quiero darte una flor.

Una flor permanente

        parecida a las caricias de la mar

aún en la tormenta.

Una flor decidida

        que encienda la palabra,

que resista sequias;

        que deje en la memoria

su vasto continente.

Una flor en el agua

        que temple nuestra historia,

la de un barco invencible.

Una flor mineral,

      roja, azul y amarilla,

con olores cautivos

         y márgenes nocturnos.

Esa flor que sentimos al tocar

         nuestros cuerpos

y que abrirá su cauce

         cuando llegue el estío.

RELÁMPAGOS INSOLITOS

Hay quienes son leyenda,

        fuerzas intempestivas

surgidas desde el centro de la tierra,

        relámpagos insólitos

hechos de los destellos más sensuales

        que puedan concebirse,

suavidades amables

        que logran penetrar entre los poros

y calan en lo hondo.

        Esa es tu singladura

que dibujo en silencio

        y lanzo al mar batiente.

CHERRY BLOSSOM

Bajo el sol penetrante

        que acaricia la piel,

bajo frondas enhiestas

        de árboles milenarios

que clavan sus raíces

        para tocar el cielo,

nos asomamos a la primavera.

Nos rodean los cerezos,

        apenas florecidos,

con pétalos que vuelan

        al enfrentarse al viento.

Con ellos te cobijo

        cada vez que te abrazo

y en ellos me desnudo

        siempre fiel a mi pecho.

Cuando nos separamos

        y mi boca se seca

queda siempre en mis manos

       el calor de tu pelo,

la memoria del tacto,

       el olor de tu cuerpo

y el galope resuelto

       de los potros sedientos.

Eres una sonrisa

       permanente de estrellas

y te regalo flores

       de las que llevan besos

que acaricien tu talle

       y duerman con tus ecos.

MAGNOLIA

Al pasar el invierno y su largo silencio

        hay siempre una magnolia que florece

a finales de abril.

        Recuerda siempre la melodía de sus colores,

percibe su fragancia,

        mientras piensas en los sonidos invisibles

de la renovación.

Barlovento

CANCION DE LOS ENIGMAS

Vienen del mismo sitio

      del que siempre he querido formar parte,

del territorio indómito de mi olvido y su memoria.

Nunca los asiré

      aunque vaya tras ellos.

Al seguir sus canciones

      venceré mis temores,

esas pequeñas ramas fracturadas

      de una acacia florida.

SONATA

Quien se levanta

      sobre las tormentas

tiene luz en sus manos,

      olas en su cabello,

y la firme entereza

      de un manzano florido

donde siempre recalan

      las canciones profundas.

NAUTILUS

Un caracol alado

      vuelve del mar.

Brota de nuevo el agua

      del manantial.

AMNESIA

No busques el pasado

       que sepultó sus huellas invisibles.

No quieras rescatar el desconcierto,

       la gran incertidumbre,

el aire espeso de una tarde muerta,

       el sopor y el fastidio.

Entrégate al olvido.

DECISION

Templa, por fin, tu espada

        en el agua sonora y transparente

del caudal de los hechos.

        Ten el valor de sumergir tu acero,

hecho de hierros viejos fundidos por el fuego,

        humeante todavia,

en el rio incontrolable

        que todo pone a prueba.

No temas que se quiebre o resquebraje

        al someterse a la corriente fría.

Si no resiste ahora,

        no podra tolerar mas adelante

el fragor del combate,

        los golpes centelleantes

de las armas blandidas y certeras.

REGRESO

¿Bajo qué indescifrable procesión

        regresan los enigmas?

¿En qué esquina librada por el viento

        habrán de detenerse?

¿Volverán por las mañanas azulosas,

        después de que los cuerpos marinados de ensueño

se incorporen de nuevo a la intemperie?

SURCOS

Como una rama enhiesta de avellano

        haces surcos en mí que el mar no borra.

Entre la tierra fértil de tus manos

        se dibujan sin sombras mis palabras.

JOIE DE VIVRE

Tú, que nunca sabrás el desenlace,

        sabes muy bien el nombre de tu historia.

Conoces al detalle

        los bordes de tu cuerpo enardecido

como la sed del aire.

        Tu soledad abrupta

es la marcha apacible del otoño,

        el canto de las aves del verano

reverberando en tus oídos.

DESPERTAR

Dicen los balineses

     que los ciclos lunares pasados en el vientre

son un periodo de meditación

     y que todo conduce

a un despertar abrupto de sentidos y formas

     surgido del aliento y de la fuerza.

SEVILLANA

Déjame asomarme al pozo

        oscuro de tu alegría.

Muéstrame el cántaro lleno

        cuando atardece en el río.

¡Haz que el viento se rebele!

Dame de tu mano flores

        y que se encienda la yesca.

Deja correr el murmullo

        con el que canta tu piel.

        ¡Ay sol de la lejanía!

Cierzo helado

BLUES DE LA CALLE 22

Escucho el elepé de ragtime jazz

     y tengo la impresión de que caminas

entre las notas del piano.

Los sonidos carnales del saxo y la trompeta

       son calles agitadas de ciudad en un atardecer,

cuando las marquesinas empiezan a encenderse

       y el rastro de un sol enrojecido

aún queda en las ventanas.

Dimos un paseo.

       Nos detuvimos a ver las baratijas

que venden en la calle.

El mismo ritmo cruzó entonces mis manos,

       precipitó los signos y ahora los reconozco,

como si hubiese existido

       alguna caminata más cercana contigo,

un beso detenido

       o un baile entre las fuentes de los parques.

WILSON PLAZA

En una esquina cualquiera de Falls Church,

       Wilson y Roosevelt Boulevards,

¿acaso importan los nombres de las calles?

       de noche, ya muy tarde,

ceno en Xinh Xinh a solas.

Soy el único asomo occidental

       en este oscuro reducto vietnamita

 en medio del Imperio Americano.

Tiro el arroz en el mantel

       al intentar en vano manejar los palillos.

Me rescata un sonido que se escucha en el fondo.

       Canciones orientales cargadas de nostalgia

que, sin saber por qué,

       remueven mi interior.

EXISTE LA PIEL

Todo comienza con la dispersión,

      con la gran voluntad de asirlo todo,

de hacer que las tortugas se destruyan

      rodando hacia un barranco,

asustadas y torpes,

      lentas, pero igualmente erosionables.

Incide, irrevocable,

      sobre los altos troncos,

la luz del mediodía.

      Los muros se entrelazan con las ramas

abrigando contrastes

      entre varios colores.

Existe la piel

      y la necesidad de ser tocada,

de acariciar tus hombros

en el jardín de azaleas,

de escuchar los sonidos de la tarde

mientras llega el silencio de la noche.

CENTINELA DEL VIENTO

Hablo desde un lugar donde los cuerpos

        enfrentan la tormenta.

Me resisto a ser sólo un cronista

        de la desolación,

a dejarme vencer

        por la fuerza del viento.

La oscuridad helada

        ha cobrado una más de sus presas de caza,

un ciervo apuntalado en una trampa

        en medio de los bosques.

¿Cuándo florecerá el cerezo

        si la nieve aun congela sus ramajes

y el movimiento rítmico del cuerpo

        no presagia la danza

que alivia la tensión?

El entusiasmo es un tantálico placer irrevocable,

centinela del viento,

blanco caballo alado que se acerca.

Es un relámpago que se levanta

sobre la tierra fértil,

un sonido invisible que suelta las amarras

de oscuras emociones.

No me importa tener que desgarrarme

para romper el cerco.

Así encuentro la mágica mañana

de mi incierto destino,

la fuente inagotable de un manantial interno

que apenas se percibe.

DONDE LAS OLAS SE JUNTAN CON LAS ROCAS

Ahí, en los acantilados,

       se produjo el abrazo

 de tu cuerpo y el mío.

       Ahí donde se juntan las olas y las rocas

bajo la luz y el viento,

       con los bramidos sensuales de la mar

que lentamente desgastan

       la solidez mineral del continente.

LIEDER

Te necesito, alada,

       en medio de la noche;

igual que se precisa

       la luz en la borrasca.

Tu ausencia es un dolor

       que cala hasta los huesos.

Abracémonos siempre

       frente al fuego.

PARÁFRASIS

Quiero llegar hasta ti

    y hundirme suavemente

en el lago en el que a diario nos bañamos.

Sus aguas agitadas,

    sus fuertes turbulencias,

habrán de serenarse

    para que así, como decía Tagore,

se pueda reflejar la inmensidad,

    un cielo abierto, límpido, brillante,

que me recuerde tu mirada alegre.

Sakountala

I

(Tras Camille Claudel y Auguste Rodin)

Es abril, es domingo.

      Yo estoy solo en París.

La primavera es más fría que otras veces.

      Los árboles mantienen todavía

su presencia invernal.

      Aun no brotan las flores.

El *Jardin des Tulleries*

      es un páramo triste,

ansioso de recobrar sus colores

      y el ruido de sus fuentes.

Mi voz está maltrecha.

      No recobro mi aliento.

El cuerpo está cansado

      y el ánimo desnudo.

II

Caminar, siempre caminar,

       ir hacia algún lugar

y no permanecer,

       cruzar uno y mil puentes.

Es un cierto destino

       presente todo el tiempo

sin saber bien la causa.

Atravieso el Sena

       Hacia *les Invalides.*

Llego al *Hotel Biron.*

       Me detengo en sus jardines

y en sus espacios interiores.

Las esculturas y los dibujos

       cobran significados inusuales.

Le Penseur ya no es

       una presencia colorida

en medio de los árboles,

       como lo pintó Munch.

Está desgastado.

       Ha sido carcomido por la lluvia

ácida y pertinaz,

       invisiblemente dañina.

III

Están ahí, intactas, contundentes,

       Las Puertas del Infierno.

El movimiento de los cuerpos,

       sus proximidades candentes,

la revuelta sensual de la naturaleza,

       la condición humana

que no puede asumirse plenamente.

Optar es condenarse,

       padecer la tortura,

escuchar sin reposo

       las voces interiores

sin lograr entregarse a su dictado,

       verse envuelto por el éxtasis, sentir

cómo se va perdiendo el arrebato.

IV

Existen, sin embargo,

      los seres que se abrazan.

Los que surgen del mármol aún sin forma

      o del bronce fundido.

Asoman en la piedra,

      se enlazan y entretejen

hasta volverse un todo inseparable.

Se transmutan

      en el crisol del tiempo y la memoria.

Son *Le Besoir,* o *La Valse,*

    la pasión de caricias encendidas.

V

La cercanía se rompe.

    y lo divide todo.

las manos no se encuentran ni se tocan.

Es *L'Implorante* que cae y se arrodilla,

    dolorida, aislada,

incapaz de asir al hombre maduro

    que camina confundido

en compañía de la Parca.

    El paso del tiempo.

La muerte inexorable

    absurdamente anticipada.

VI

Pero hay también un ave fénix.

Se levanta de las cenizas,

surge de la rendición total.

Es *Sakountala,* es *el Abandono,*

son *Vertumne y Pomone.*

es *L'Eternelle Idole,*

es hincarse ante el otro,

sucumbir al deseo,

declararse cautivo

y entregarse desnudo

en el fondo del lago.

VII

Cae la tarde implacable

sobre el domingo solitario en París.

Sigo caminando por la *Rive Gauche*

y entro al *Musée d'Orsay.*

Las formas, los colores,

las imágenes, tocan

mi piel sobresaltada,

expuesta a la intemperie.

Debe ser mi condición insomne

después de la tormenta.

Algo me detiene frente al pórtico

labrado por Paul Gauguin

en las islas *Marquises.*

Sus palabras resuenan,

quedan en mi cabeza:

"soyez mystérieuses,

soyez amoureuses,

vous serez heureuses".

Calima

AD PARNASSUM

(después de Paul Klee)

La montaña iridiscente se eleva ante mis ojos.

El sol la baña con múltiples colores

al despuntar el día.

Hace patente su volumen, la convierte

en una eternidad en movimiento,

majestuosa, llena de luz vibrante.

Es un vitral que abarca el horizonte

por el que se filtran los rayos

y se convierten en tonalidades policromas

que recorren la piel hasta erizarla

y hacer que el aliento se suspenda

y el ánimo se funda en el paisaje.

Son las puertas de la percepción,

es un espacio cósmico de tensiones intimas,

de desgarramientos espirituales

bajo el disco dorado y sus nueve colores.

Son los dominios de Apolo y de las musas,

de Orfeo y de Talía,

de Dionisio y Pegaso,

la sede del oráculo de Delfos,

la patria de los poetas,

el lugar donde brota el manantial sagrado

de la Fuente Castalia,

muy cerca del Golfo de Corinto.

Aquí reside lo esencial, habita la solidez.

Aquí están los senderos que llevan a las cosas.

Es el espacio donde nada es y todo deviene,

El santuario de las pitonisas

entre abetos y olivos,

custodiado por lobos y por águilas reales.

Es el lugar donde surge la música,

de donde emana la poesía,

el territorio de las abluciones,

      de la purificación ritual

y del aprendizaje.

Al contemplar el Monte Parnaso

      se abren todos mis sentidos.

Me asomo a otra dimensión

      de formas desbordantes,

de vibrantes colores

      y descubro, sin filtros,

la belleza del día.

GANESHA

Aquí está la deidad de las multitudes,

    que tiene la fuerza para eliminar los obstáculos,

el hijo de Shiva

    con cuerpo humano y cabeza de elefante.

Es el señor de la abundancia,

    de las letras y el aprendizaje.

El patrono de las ciencias y las artes.

    El intelecto superior.

Lleva en sus múltiples manos

    numerosos objetos mágicos:

una soga para llegar a las metas trazadas

    que parecían inalcanzables,

un hacha para cortar las ataduras

    que nos frenan o estorban,

un dulce de garbanzo

    como gran recompensa,

un mazo de oro para templar el ánimo

     y controlar las cosas,

un caracol que logra

     convocar la alegría,

y collares de cuentas

     que nos conectan con los libros sagrados.

SAPTAMATRIKAS

Por la noche vienen de visita

      estas ninfas de poderes mágicos.

Son las siete madres primordiales,

      diosas de los niños, de la emancipación,

de las grandes batallas.

Viven entre los árboles,

      en las encrucijadas,

habitan las cuevas.

Al enlazar sus brazos

      forman un arcoíris que todo lo protege,

un enclave tántrico

      de la naturaleza fecunda

y de sus fuerzas desatadas.

Son el principio femenino

      de los drávidas.

Son las siete estrellas

      de las Pléyades,

Desatan el divino poder

    de la maternidad

y forman el alfabeto milenario

    que alimenta todas las lenguas

y pronuncia todos los nombres.

AROMA DI LEGNO

Se siente en la superficie de la piel,

      penetra suavemente por el cuerpo

impregnándolo todo.

Envuelve los espacios interiores

      y los llena de la fuerza primordial

con la que surge un bosque en la montaña.

Evoca la dureza surgida de la tierra.

      Nace de las ramas humedecidas

 y de los altos troncos.

        Anuncia la inminencia

de flores efímeras

      y de frutos sensuales,

muchas veces prohibidos.

Viene de las raíces

      hechas de fuego ardiente y apacible

cuya fija mirada se dirige al espacio

      anhelante del viento.

Es la flecha certera que se clava en el vientre

y repite en silencio:

"aun en el medio del camino umbrío

nos queda la esperanza".

Ecos de la galerna

ANEÉS DE PÈLERINAGE

(Tras Liszt)

Hay veces que sólo puede hablarse

        con la tristeza a cuestas,

con la voz derrumbada porque suena la endecha

        de una separación.

Todo queda marcado por la fragilidad,

        Por un llanto en silencio,

 quebrado , torpemente contenido.

Sólo con el recuerdo del amor

        que logra remontar los caminos umbríos,

que resurge del viento

        con el hálito azul de una gran añoranza,

puede sobrellevarse el desconsuelo.

No he podido enfrentar las cosas de otro modo

        que abandonando el barco a la deriva

de los días por venir,

       reconciliando, hasta donde podía,

destinos y deseos,

       viento y desesperanza,

soñando con el espacio inalcanzable

       de la serenidad.

Estaba en aquél mirador

       cuando llegó, sin aviso y sin tregua,

el salvaje estallido de las fuerzas oscuras

       bajo la Gran Ciudad,

reduciéndolo todo a escombros y cadáveres,

       extinguiendo de un tajo los ecos del pasado,

las nostalgias urbanas,

       el tiempo de las guardias en los fríos hospitales.

Vino después, pertinaz e insensible,

       el fantasma ominoso de la quiebra interior,

desgarrando en pedazos mi andamiaje

al igual que los muros agrietados

de casas y edificios.

Una fracción minúscula del tiempo

ha borrado cimientos y estructuras,

espacios y recuerdos que por años

estuvieron incólumes

y parecían también invulnerables.

De la misma manera

hay algo en mi interior que se ha resquebrajado,

no sé por cuánto tiempo.

Por eso quiero decirte

desde el avión que me trae de regreso

que hoy, más que nunca,

necesito estar junto a ti,

sin poderte entregar otra cosa

que mi ánimo en pedazos

y mi cuerpo maltrecho.

A mi llegada busco

el sencillo cobijo de tu abrazo,

       de tu reconstrucción.

Vengo del insomnio inquietante

       que acaba por carcomer la conciencia,

de la memoria aterrada

       que se convierte en intensa

sudoración nocturna,

       del desencanto estéril

que convoca tormentas

       y de una inextricable soledad

que quiero que termine.

Acercaré mi mano burda

       a la piel de tu cara

para decirte en silencio que te quiero,

       abrazaré a mis hijos

 y lloraré hacia adentro de alegría

       al sentirlos cerca,

recordando sus juegos,

unos días antes del temblor de tierra

entre las verdes vides

sembradas por mis padres.

Gritaré con fuerza

que necesito estar acompañado.

Sólo el amor restaña las heridas

y apuntala los muros.

Buscaré sin reposo el olor de las flores

grabado en la memoria

y el canto de los pájaros

resonando a lo lejos,

a pesar de todo, a pesar de todo.

EL SINAIA

A mi padre, 70 años después

Atrás habían quedado

los recuerdos intensos y agolpados

      de tres años convulsos;

la infancia fracturada por la Guerra;

     el dolor silencioso de la orfandad

apenas confesada.

Aún estaban en tu memoria el éxodo,

      la huida de Asturias

 enfrentando borrasca ,

      el refugio de los bosques idílicos

de Cataluña, antes de la caída,

      el paso por los Pirineos helados

 con miles de exiliados

      en su huida hacia Francia,

tus hermanos varados en la arena

entre alambres de púas,

en los campos de concentración ,

de Argelès y Saint Cyprien,

el respiro solidario de Saint Flour ,

el vapor Sinaia en el puerto de Sète,

el paso por Gibraltar

diciendo adiós a España,

Madeira, el Atlántico inmenso,

la recepción de los trabajadores

en el puerto de San Juan .

La travesía había sido larga,

cargada de añoranzas y sueños de futuro,

arrastrando el bagaje de la digna derrota.

Era un viaje a lo ignoto que por fin terminaba.

Apenas lograba entreverse,

como un fantasma amigo con los brazos abiertos ,

como una encarnación de la esperanza ,

la cima misteriosa del Pico de Orizaba.

Aún no se podía vislumbrar la nueva orilla,

una cálida brisa te iba cobijando

con aromas insólitos de un trópico sensual.

los mismos que hoy percibes al volver a Veracruz

setenta años después de tu llegada.

Es como un *deja vu* agolpado de imágenes,

como si estuvieses en el muelle T

viendo las pancartas de obreros y campesinos,

escuchando las bandas de música

y los discursos de bienvenida

de los comités de recepción.

Es como si descendieras otra vez

por la escalinata del barco

y volvieses a tener

la sensación de alumbramiento,

como si inhalaras una y otra vez

el aire de libertad que dabas por perdido,

como si corriera nuevamente por tus venas

la savia mágica,

la energía que te hizo resurgir de las cenizas

al arribar a tierra mexicana

el trece de junio del treinta y nueve

que hoy

a tus ochenta y cuatro años

rememoras.

Ginebra, 13 de junio de 2009

ALMAS ROTAS

Con el ánimo roto,

    con la frente quebrada,

con el cuerpo cubierto

    por hondas cicatrices

que no sanan del todo,

    con las piernas endebles

y el cuerpo dolorido,

    con los brazos deshechos

tras librar las batallas cotidianas

    contra los enemigos invisibles

y los fantasmas del miedo,

    las almas desgarradas se congregan

al caer de la tarde.

Descansarán de noche

    a pesar del insomnio

y volverán a levantarse

    en el amanecer

para seguir su marcha y su combate

como si fuera necesario redimirse

sin tregua ni esperanza,

sin perdón y sin rumbo.

Tras la borrasca

CYLBURN ARBORETUM

Por un breve momento

       la oscuridad ha dejado de existir,

como cuando se eleva

       un canto agudo en medio de los montes,

una canción del aire

       vibrante e irisada.

Los ciegos   pasean por el arboreto

       recorriendo las veredas y los prados.

Les recuerdo entre setos y hojarasca

       con su tierna torpeza.

Puedo verles asidos

       a la esperanza de percibir la luz ,

sintiendo los colores

       al rozar las texturas,

respirando el aroma

       de la gran arboleda.

OSCURO COMETA

Me subo al barco alado

        que conducen los vientos

con la firme añoranza

        de llegar hasta ti;

de tomarte la mano

        y acariciar tu pelo;

de arrullarte en la noche

        y besarte en el día;

de que el ancla herrumbrosa

        de mi oscuro cometa

se detenga en el fondo

        de tu mar transparente.

CALAFATEO

Al llegar necesito de tus manos,

        de su caricia suave.

Sentir su roce

        recorriendo mi nuca,

su fino tacto agitando mi cabello,

        envolviendo mi rostro

como una brisa apenas percibida,

        cálida y penetrante.

La preciso

        de la misma manera

que un avezado barco

        al regresar al puerto

 se detiene para ser calafateado

        tras largas travesías

y restaña sus fisuras salobres

        surgidas del oleaje y las tormentas.

RESONANCIAS

Mi mirada se vuelve hacia ti

       con el mismo entusiasmo con que surge

una canción oculta en la memoria.

Es como el movimiento de los cuerpos deseosos

       en el estallido sensual de la danza;

es la fuerza insondable de un relámpago altivo

       que se levanta por encima de la tierra

al inicio de un cálido verano.

Hay también un hechizo musical,

       murmullos que se insertan en la bruma

y precipitan una lluvia tenue

       que se vuelve tormenta,

que rompen la tensión acumulada

       cargada de sonidos invisibles.

Siento la persuasión de tus ojos

       cuando estamos a punto de partir.

Siento tu cimitarra de cobalto

        que ha clavado su filo en mi espesura

abriendo los senderos en mi bosque

        a partir de la nieve que se funde.

Por eso busco un lugar especial,

        anclado en el presente,

donde los cuerpos logren enfrentar la borrasca

        y suelten las amarras,

como barcos milenarios cargados de emociones

        y añoranzas ocultas.

Ahí resultará más natural

        hablar con el lenguaje del amor,

con la piel y la entraña.

Ahí podremos convertirnos

        en caballos alados,

en madera y en fuego,

        siempre complementarios.

INFINIMENT

En homenaje a Jacques Brel

Escucho la voz de Jacques Brel,

    rasposa, gutural, dolorida.

La Cathedral, L'amour est mort.

Siento en mí ese canto.

    Sus sonidos descienden al tiro de la mina.

La tarde se disipa

    de forma imperceptible.

Aguardo la señal,

    el conjuro invisible

que vendrá sin aviso

    revolviéndolo todo,

como un viento salvaje.

Sí, vendrá súbitamente

    y cambiará mi rumbo;

marcará sin reparos

la nueva singladura.

"J'arrive. J'arrive"

Lo escucho sin cesar.

Sé que vendrá

como en la *"Chanson des vieux amants"*

y será un sortilegio al que me rinda:

"Mon amour",

" mon doux, mon tendre, mon merveilleux amour".

Será una llamada al mar,

para seguir el curso de los vientos,

un clamor incesante

en busca de respuesta,

un circulo infinito propagando

ese viejo llamado:

"Ne me quitte pas", "ne me quitte pas".

SCHERZO FANTASTICO

(Tras Stravisnki)

Hay en mí una inmortal desolación

        que la quietud refrena,

pero al mirar al espejo del amor

        con la cadencia de un sonido tenue

recupero el esfuerzo de la voz,

        la intensidad del canto.

Si la nostalgia asedia mi destino

        al caer de las tardes amarillas,

surge también el amplio surtidor,

        la voluntad del aire, la tormenta

y un impetuoso mar encarcelado

        que empieza a rebelarse

y devuelve el furor a sus entrañas.

ÍNDICE

Ediciones Vitruvio

Colección Baños del Carmen

Últimos libros publicados:

Las flores del mal, de Charles Baudelaire

En mi cuaderno de viaje, de Carmen Maga

Declaración jurada, de Manuel E. Castillo

Siempre Domingo, de Pascual García

Escribir Silencio, de José A. Alfonso

Ciento cincuenta voltios, de David Alberti

Que nada se olvide, de Álvaro Fierro Clavero

Ayer es mañana, de José Elgarresta

Y ahora sorpréndeme, José Ramón Silva

Playa sin mar, de Eduardo Crespo

El mar mientras duerme, de Santiago Gómez Valverde

Madame Podeva, de Natalia Ruiz-Poveda

El hombre que alimentaba su alma, de Sergio Macías

A la tarde, de María Paz Otero

La ingravidez que somos, de Antonio Ríos

La ilusión del indulto, de David Minayo